LLANW'N TROI

Aled Lewis Evans

Cyhoeddiadau Barddas

ⓗ Aled Lewis Evans

Argraffiad cyntaf: 2001

ISBN 1 900437 55 4

Y mae Cyhoeddiadau Barddas yn gweithio gyda chefnogaeth ariannol Cyngor Celfyddydau Cymru, a chyhoeddwyd y gyfrol hon gyda chymorth y Cyngor.

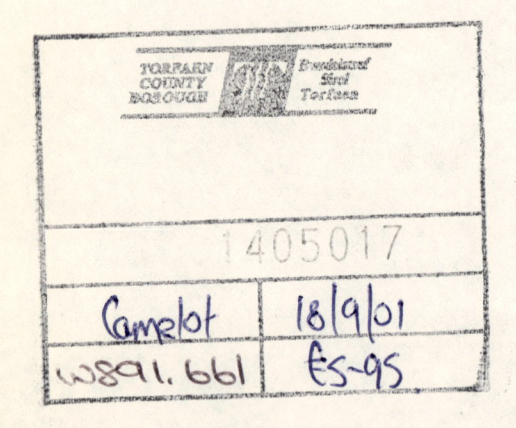

Cyhoeddwyd gan Gyhoeddiadau Barddas

Argraffwyd gan Wasg Dinefwr, Llandybïe

CYNNWYS

Angyles	7	Ha' Bach	41
Angladd Cyfoeswr	8	Hillsborough	42
Alexander	9	*Hogmanay*	44
Alys	10	Hollywood yn Rhostyllen	46
Ar Fideo	11	I Ben Draw'r Pier	48
Ar Lan y Môr	12	Jeni a Richard	49
Arlunydd y Pafin	13	Jesus Christ Superstar	50
Beirdd Yw . . .	15	Llanw'n Troi	51
Carolau Llangollen	17	Llyn Ieuenctid	52
Ceiniogau'n y Ffownten	18	Mainc Marwolaeth	54
Clapiau Iâ	19	Meddyliau am Kosovo	55
Clustfeinio	20	Mwclis o Sêr	56
Coeden Undod	21	Offeren i Emma	58
Cofio Dennis Potter	22	Pasg yn Rhufain	60
Cofio Henry	24	Pen Draw'r Coridor	61
Colli Dewi	25	Pennant Melangell	62
Cyngerdd Nadolig Eglwys y Plwyf, Wrecsam	26	Persawr	63
Dic Llanberis	27	Pysgota'r Pier	64
Diffodd y Golau	29	Stafelloedd	66
Dotiau Dalí	30	Stepiau Sbaenaidd Rhufain	68
Edmond	31	Stiwt	69
Eglwys Gadeiriol Llandaf	32	Tania a Toni	70
Eglwys Royan	33	Tewi	71
Eglwys Trillo Sant	34	Wastad wrth Drwyn y Fuwch	72
Ffensys	35	Y Cerdyn Olaf	73
Ffordd Glenys	36	Y Mwynder Mawr	74
Galarnad	38	Y Tu Hwnt	76
Garneddwen	39	Yn Nhŷ Rodin	78
Glöyn Byw	40	Yr Ardd y Tu Ôl i'r Theatrau	79

DIOLCHIADAU

Cyhoeddwyd 'Carolau Llangollen', 'Jesus Christ Superstar', 'Ar Fideo', 'Llanw'n Troi' ac 'Yn Nhŷ Rodin' yn *Barddas*; 'Angyles' yn *Darllen Delweddau* (Iwan Bala), Gwasg Carreg Gwalch; 'Beirdd Yw' yn *Taliesin* a 'Glöyn Byw' yn *Cerddi'r Troad* (Golygydd: Dafydd Rowlands), Gwasg Gomer. Cyhoeddwyd 'Y Tu Hwnt' yn *Golwg*; 'Yr Ardd y Tu Ôl i'r Theatrau' yn *Llais Llyfrau*; 'Cyngerdd Nadolig Eglwys y Plwyf, Wrecsam' yn *Y Goleuad*, a 'Clustfeinio' yn *Y Clawdd*. Cymeradwywyd fersiwn Saesneg o 'Offeren i Emma' gan Gladys Mary Coles yng Ngŵyl Hydref Llandudno, a darllenwyd hi er cof amdani.

Diolch i Alan Llwyd am ei gefnogaeth.

Aled Lewis Evans

ANGYLES

(Ynys y Brawd, Y Bermo)

Heibio i drywaniad y tywod
sy'n dallu
rhaid tramwyo dros dwyni at yr Ynys;
heibio i'r cregyn bregus a grensir ar goncrid byw
mae Angyles yn disgwyl
fel hen wellt gwydn y glannau,
a'i bys yn pwyntio
at y gorwel y tu hwnt i'r gorwel;
ei gwên fel cysur adlewyrchiad hen fachludoedd
yng ngwydrau hwyrol y Tir Mawr.

Mae'n cymell fel cri gysurlon aderyn y Morfa
yn codi hen adleisiau yn ein gaeaf,
rhai a fu'n cyniwair ers y Dechreuad.

Ac o groesi'r Cob
mae gorwel posibiliadau
ymhlyg yn ei hesgyll,
a'u siffrwd mwyn, cyfarwydd
sydd â grym i dawelu ein storm
a chwynfan cecrus y gwylanod draw
sy'n brwydro am y tamaid mwyaf o fara.

Meudwy o angyles yng nghandifflos haf
â'i thafodiaith yn ddiddeall,
ond pan fo cerrynt ffyrnig ar bob tu
ar ddiwedd y lein aeafol,
eistedda hithau fel goleudy
a'i llewyrch yn wincio arna i.

Eto'n syllu tua'r gorwel y tu hwnt i'r gorwel –
ni fedrwn ond dechrau dychmygu, megis,
y trysorau amheuthun
a ddaw i sgleinio'n llygaid pŵl yn y man.

ANGLADD CYFOESWR
(Rhos 1997)

Mae'n anodd prysuro'r olygfa
olaf hon:
un o'r ychydig achlysuron
mewn bywyd
pan oedwn,
heb fod isio llacio gafael.

Wynebau ein cyfoeswyr
yn y dorf
yn datgan
fod rhaid i ni i gyd
lacio gafael
ar y ddrama fach,
ac wynebu'r daith
i'r tu hwnt.

Dyma'r un blerwch
sy'n cael ei ganiatáu
mewn bywyd:
gadael ar ganol y sioe,
ac wedyn bydd pobl yn stryffaglu cofio
y geiriau olaf a siaradon nhw â chi,
a meddwl pa bryd
oedd y tro diwethaf iddynt eich gweld,
a'r diffyg cysylltu a fu drwy'n bywydau byr.

Taith ddi-droi'n-ôl
ar ddiwedd ein poeni daearol;
canu'r geiriau'n unig a wna rhai,
ond yn nyfnder eu calonnau,
waeth beth fo'u cred,
roedd pawb
yn deisyfu i'r tu hwnt
fod
fel blodeuo tyner y gwanwyn y tu allan.

ALEXANDER

(*Er cof am Alexander Cordell ar achlysur perfformio'r Drioleg o'i waith yn Clwyd Theatr Cymru* – Rape of the Fair Country, The Hosts of Rebecca *a* Song of the Earth)

Lluniau'n gelain ger ei gorff,
ac roedd wedi cynnig lluniau i ni.
Ffotograffau ei deulu ger y rhyd olaf,
ond rhoes albwm llawn i ni.
Synhwyrodd y treisio a fu ar ein herwau teg
a theimlodd y bonheddwr hwn
ddwrn y meistri haearn,
a'n hing
fel briw personol.

Chwiliai'n ddyfal am Lyndŵr.
Ceisiai ei alw'n Owain ar gyfer y nofel olaf.
Diflannodd fel yntau yn y Berwyn.

Diweddglo agored.

Noson lesmeiriol ar Fwlch yr Oernant,
a'r nant yn rhedeg mor anwybodus o oer.
Eisteddfod y gwledydd yn y glyn gerllaw,
a suddo tawel pelen goch y dydd
yn harddach nag arfer wrth waedu ei noswylio
yn gyfaredd dros Ddyffryn Clwyd.
Blaen-ddawns Rhyddid yn mentro i fyny'r Cwm,
cysgod cynulliad yn closio,
addewid o gyfannedd eto.

Allanfa anaddas.

Pam
yn ystaen hyd lechweddau calch
a fu'n amsugno'i unigrwydd
ers colli anwylyd.
'Doedd ei sgwennu ddim yn ddigon wedyn.

Ciliodd tua'r rhyddid rhyfedd o'i wirfodd
gan greu penawdau rhamantus.
Natur yn ymyrryd yn syfrdanol,
cyn i'r bonheddwr hwn orfod ceisio bod yn flêr.

ALYS
(Cofeb i gofio Lewis Carroll, Penmorfa, Llandudno)

Wedi ysbeilio'r cerflun
fe'i gadawyd i stiwio
yn ei bwll blêr
efo'r caniau,
ond roedd y breuddwyd i fod yn fwy na hyn.

"Dyna biti iddyn nhw orfod rhoi'r barau dros y cerflun."

'Doedd ganddyn nhw ddim digon o ddewrder
i gredu mewn chwedl hud gan y'i carcharwyd yma
a Phwll Penmorfa'n hisian,
a'r brain yn ysbeilio
a'r plantos lleol yn cicio pêl-droed yn ei erbyn.

Roedd i fod yn gofeb hardd i Lewis Carroll
a'r Alice fach ryfeddol,
Alice Liddell a ddeuai i Benmorfa bob haf ar y trên
i syllu ar fachludoedd Môn.
Mae staen ein heddiw
yn mynnu gweld mwy na phrydferthwch yn eu perthynas.
Trywaniad tabloidaidd arall
fel adeiladu urddas tref
gan fygu hen ffermydd
Tŷ Gwyn, Maes y Facrell, Cwlach Wyddfid,
difwyno Morfa Rhiannedd.

Dygwyd clust a braich y gwningen.
Fel hyn mae chwedlau yn darfod.
Dim ond gwâl y goeden sy'n gyflawn,
a'r breuddwyd yno'n cysgu cwsg melys
fel Cromlech Llety'r Filiast.
Machlud arall yn taenu ei arian ar Fôn
fel pe bai'n ceisio cysuro dadfeiliad chwedl
ddarn
wrth
ddarn.

AR FIDEO

*(Nadolig yn Wrecsam wedi ei gofnodi gan gamerâu
diogelwch canol y dref)*

Cyn iddyn nhw
dynnu
addurniadau eleni,
cyn rhoi'r Crud heibio
am flwyddyn arall;

cyn i fideo *Jesus of Nazareth*
ostwng hyd at chwarter y pris,
cyn cadw'r Santa a fu ers yr hydref
yn sigo'r goeden i'w sail;

cyn i'r preseb Catholig
a osodwyd mewn ffydd
gael ei ddwyn
a'i ddympio gcr Asda,

yn dawel
pan oedd pawb wedi mynd adre,
ar y strydoedd priddfaen coch
fe alwodd y Nadolig
draw

yn dirion
fel sglein ar lawr,
neu grych ar awel,
neu chwa o bell.
Dim ond camerâu'r heddlu
yn recordio,
er na chofnodwyd
yr un dystiolaeth arbennig
o drosedd yn y llyfrau.

AR LAN Y MÔR

Hithau'r fechan
yn byseddu tywod
a chregyn
pnawn ar lan y môr:
eu golchi yn y fwced loyw.

Yntau'r tad
yn byseddu nerfusrwydd
bod yno
yn smalio chwarae teulu, ar lan y môr.
Ei feddwl ymhell o'r gilfach
gyda phŵer ei swydd,
ei addewidion a'i gelwyddau
a chyda hi,
yr un arall.

Cerddai ei wraig y tu ôl iddynt
ond 'does dim byseddu mwyach
ar ei dwylo hamddenol,
ar ôl y sylweddoliad
fod tywod wedi llithro rhwng ei bysedd.

Ond ar bnawn wrth lan y môr
maen nhw'n smalio chwarae teulu.

ARLUNYDD Y PAFIN

*(Arlunydd pafin yn Lerpwl yn creu murlun ar gyfer
Ysbyty'r Rainbow Trust yn Didsbury)*

Anwyldeb yn y lluniau
lle mae'r blaidd yn trigo efo'r myn,
a'r pryfed yn swsian yn y gwair.
Draenog a chorryn annwyl
mewn coedwig nad oedd yn gymhleth.

Lluniau amryliw
ar bafin Lerpwl,
a minnau'n difaru
fod y fath dalent
yn cael ei hafradu dan draed rhai fel ni.

Ond wrth gamu'n nes
gweld fod y lliwiau
ar femrwn brau
yn sgleiniog fyw.

Draig yn gelain,
a'r diniweitia' rai
yn dawnsio o amgylch cwningod a pili-palas.
Ffordd garegog a chlogwyn du,
a buddugoliaeth diniweidrwydd
efo'i arwydd arwyddocaol:
'Plîs, peidiwch â bwydo'r ddraig'.

Syllu'n nes eto ar ysgrifen flêr gerllaw.
'Doedd y lluniau ddim ar werth
ond roeddent am harddu
ward ysbyty i'r Plant a oedd yn marw.
Deallais wedyn
pam roedd y diniweitia' rai
yn trechu'r du.
Manylder mwyn sy'n rhyfeddod
yno i blant bach wedi eu cipio gan afiechyd,

i roi gobaith fod trechu i fod ar ddraig eu salwch
mewn byd a ddaw.

Memrwn brau ei gydymdeimlad
a'i drysorau di-lol,
mae'n pacio ei daclau
yn hapus fod y llew a'r oen yn cyd-orwedd
yn y diwedd.

BEIRDD YW . . .

*(Yn dilyn darlleniad efo Beirdd Caer yn
The Studio, Vicar's Green, Caer)*

Beirdd yw . . .
gwenu mewn cynteddau;
fel yr arferech ei wneud
yn hir yn ôl
pan oedd hi'n haf gwastadol
a'r dydd yn para am byth;
ofn tramgwyddo
fel cynulleidfa
yn cnoi creision
yn ofalus, ofalus.

Beirdd yw
blagur
yn chwennych ychydig o belydrau bach
o wres
er mwyn ymagor.

Beirdd yw
mygiau o gwmpas y tŷ,
a pherthnasau
â'u traed yn solat ar y ddaear.

Beirdd yw
eisiau diflannu
i Landrillo yn Rhos
ar bnawn Sul
i glywed lleisiau
tyner ymlaciol
a chael *cappuccino*
yn nhŷ Nino.

Beirdd yw
rhedeg i lawr grisiau
at sŵn mawr

wrth ddrws fore Llun,
a chanfod mai biliau
yw pob un.

Beirdd yw
ateb yn ôl mewn print
wedi'r brifo,
a'i guddio.

Beirdd yw
padiau nodiadau,
amlenni segur,
hen fwletinau
– unrhyw beth –
â'r llif bywiol o deimlad
yn draed brain
arno,
diolch i Dduw.

Beirdd
yw'r rheiny yn y gornel
sy'n cofnodi eich sgwrs,
neu'n trio sgwennu wrth yrru
os oes syniad yn dod
a'r beiro ddim yn gweithio,
a chornel i'w thramwyo
yng Nghorris Uchaf.

Beirdd yw
dyddiau isel
ond hefyd Trydydd Dydd.

Dyheu
ar ôl y genadwri
am dderbyniad gwresog,
wrth ddychwelyd
i wenu eilwaith
mewn cynteddau.

CAROLAU LLANGOLLEN

(Cyngerdd yn oerfel Rhagfyr yn y Pafiliwn Rhyngwladol)

Lapio i fyny
fel hen baratoi y festri erstalwm,
yn barod am daith.
Paratoi.
Siaced arall amdanaf
fel petawn ar siwrne
ar gyfer Lapland.
Paratoi.

Y cynfasau,
gorchuddion,
cadeiriau haf,
fflasgiau,
baps a chacen.
Paratoi.

Wedi lapio
fel wnionyn,
Cupa Soup,
sawl haen o ddillad,
sanau trwchus,
dwy siwmper,
menyg,
sgarff.

Mynd
yn ddigymell yn y diwedd
fel petai at y Crud,
a'r cwsg i ddilyn
fel cwsg baban.
Mynd fel pe bai seren yn y nen,
a distyllu eto'r deigryn
sydd yn niniweidrwydd plant y Côr.

CEINIOGAU'N Y FFOWNTEN
(Rhufain)

Ymdaflu i ysbryd yr hwyl
a threfnu tair ceiniog
i'w taflu i'r ffownten:
Un am Iechyd,
Un am Gariad,
Un am Awen,
dyna a awgrymodd fy meddwl sydyn.

Hen ŵr yn dwys gwestiynu
a oedd yn gwneud y peth iawn.
Holi am hanfodion y taflu,
*"Is it right over left,
can it translate
American money?"*
Cyfareddol yw gwylio peth mor syml
wrth ystyried fy nymuniadau cymhleth i.

Hen arfer braf yn sirioli'r nos,
chwedl dylwyth teg.
Un – Cariad i'w rannu
ac i'w gael gennyt Ti;
Dau – Iechyd i ddal i fedru mawrygu
dy Fyd a'th Waith;
a Thri – Awen i ddal ati
i dystio'n greadigol i'th Gariad
yn y byd.

Yn y nos
mae pobl yn cau eu llygaid yma,
o bell clywaf sisial hen chwedl.
Gan beidio â gofyn gormod –
un deisyfiad arall o waelod calon
y caf gwrdd â'm Meistr
un dydd.

CLAPIAU IÂ

Hen sypiau o rew
ar ochr y ffordd
yn gwrthod dadmer,
er i'r hin dirioni
ac i'r borfa lasu drachefn;
er i'r gwyn lwydo.

Erys
talpiau rhew
achlysuron trist,
er i'r awel fynd yn ffeindiach,
er i'r ffordd fawr glirio
ac i Fwlch yr Oernant agor drachefn.
Clapiau bach
i'n hatgoffa
wrth droi'r corneli
am y pethau a adawyd
ar ochr y ffordd.

Toddodd y gweddill
yn gyfandir o faddeuant,
ac ambell ynys fach iasol
ar ôl
yn brathu'r
bysedd.

CLUSTFEINIO
(Yn Eisteddfod yr Urdd, Maelor, 1999)

Tynnu lluniau i'r papur bro a aeth â fi'n ôl . . .

Yn rhes flaen Eisteddfod yr Urdd
cofio bachgen ifanc
mewn sgidiau
'run fath â'r ferch
yn rhes gyntaf yr ysgol arall.
Hogyn bach oedd isio llwyddo,
isio cael dweud fod ganddo fo lais hefyd.
Ond roedd o'n hogyn bach oedd yn rhedeg
o'r llwyfan cyn i'r cyfeiliant orffen
yn yr Unawd Bechgyn.

Aeth yn angof tan heddiw
egni torfol y gwylio a'r disgwyl
a'r gweiddi!
Cyffro a syndod y 'mynd trwodd'.

Minnau bellach
yn gartrefol yma
yn tynnu lluniau eu hieuenctid hwy,
eu cyfle hwy.
Cefais innau fy ffotograff, fy fflach.

Sbecian drwy'r drws ar gystadleuaeth;
clustfeinio drwy holltau'r drws
fel finnau am orffennol
sy'n anadlu eto,
cyn y gymeradwyaeth fyddarol
o'm cwmpas.

COEDEN UNDOD

(Cyntedd Llyfrgell Wrecsam)

Dail dyhead
am undod
i'w gosod ar goeden
fel ffrwyth cynhaeaf,
fel coeden Nadolig.

Negeseuon plant
y stryd yn Wrecsam
lle gwrthododd oedolion
ymateb.
Coeden undod Cred
yn yr hydref,
a dymuno na fydd dail
hon
yn disgyn.

Pob deilen yn weddi
i Dduw o'ch dewis,
ond yn y diwedd – bawb –
'Heddwch i'r Byd'.
Dail dilys
yn rhwystro
dysgub gwareiddiad.

COFIO DENNIS POTTER

Roedd 'na un hen dditectif
a'i weledigaeth yn rhy galed
i strydoedd haul bythol Beverly Hills.
Ni wenai pan ddywedent "Have a Nice Day".
Fe'i dibrisiwyd
ond meiddiodd ganu
yn hwyr y dydd.

Aeth allan i'r Ystafell Werdd
o wres y goleuadau llawn
wedi cyfweliad agos
Melvyn Bragg.

Bu'n chwarae gwrth-felodi anodd
am ariangarwch ein cyfryngau,
ac am unwaith
gan mai hon oedd ei sioe olaf
fe fu'n rhaid i drefnwyr twt amserlenni
dderbyn na lanwai'r genadwri hon
slot daclus
o bum deg dau o funudau
a chymryd bod hysbysebion.

Dim cerddorfa i simffoneiddio gwacter,
dim ond diffuantrwydd unigol
yn aflonyddu'n addfwyn ddeallus
yn erbyn dirywiad a chefnu ar wreiddioldeb
yn wyneb grymoedd y farchnad
yn oes y meistr a'r tafod parod tabloid,
a gormes gwella ffigurau gwylio.

Roedd o'n adnabod y strydoedd
yn well na neb,
a drachtiai felodïau
plentyndod
Forest of Dean wanwynol

fel ffynnon glir, sicr,
a'r cyffur hylif a leddfai
boen terfynol.

Diafol yn treisio corff,
oedolion yn blant,
cymeriadau yn canu eu loes yn ddoniol ddifrifol,
"I've got you under my skin . . ."
ac eto daliai i glywed tinc Salmau Dafydd
yn ein kareoke brysiog.

Rhythai'r camerâu yn geg agored,
daliai'r technegwyr eu hanadl,
meiriolodd pob un ei ffocws tynn,
'fu dim raid iddo fod yn sglyfaeth
i'r saethiad agos iawn dadlennol olaf.
Fel petaent yn cyfaddef
nad oedd gwir angen moeth Ystafell Werdd
i glustogi allanfa'r aflonyddwr
olaf un
o
Stiwdio Bywyd.
Oni bai fod y gwyrdd yn ei atgoffa
am ddechrau'r daith drwy'r goedwig.

COFIO HENRY
*(Ar ddiwrnod angladd Henry Hughes,
Llanarmon Dyffryn Ceiriog, Mehefin 1997)*

Ar adeg pan oedd Afon Ceiriog yn llifo mor gryf
fe'th gipiwyd mor sydyn
o fro ac o Gymru.
Afon o geir yn nadreddu eu ffordd
yn deyrnged i ben ucha'r Cwm.

Mae hyd yn oed yr afon gyflymaf yn arafu
yn yr haf, fel arfer,
ond nid afon dy fywyd llawn di,
ac fe gefaist fynd yn ei chanol hi
gan ein gadael ni ar y lan
yn gwylio'n fud.

Dy athrylith,
dy eiriau
a wasgarwyd gan y llif
hyd erwau'r dyffryn.
Mae Drama yn y llan o hyd
er i ti a fu'n ei byw
gilio o'r llwyfan.

Llawnder llif yr afon
sy'n parhau.

Llawnder Afon Ceiriog
ar y Mehefin gwlypaf ers 1879
yn chwyrlïo dan y bont,
dros greigiau dy berthyn
i'r Cwm hwn
a'r tu hwnt.

Ninnau'n deisyfu distewi'r llif gwyllt heddiw.

COLLI DEWI

*(Colli disgybl ifanc – Dewi Williams, o'r Rhos.
Cyflwynaf y gerdd er cof amdano)*

Mae pethau'n haws i'w derbyn
pan mae 'na dywydd mawr yn chwipio y tu allan,
fel petai Duw mewn cymaint cydymdeimlad
i lenwi'n meddyliau
â rhywbeth mwy na ni ein hunain.
"Mae Dewi allan o'r holl boen yna rŵan."

Gorymdaith dawel, benisel.
'Aeth neb erioed i'r Gwasanaeth Ysgol ynghynt.
Dim smic ar goridorau.
Cofio'r un yr oedd yn rhaid iddo fynd
i flaen y ciw cinio,
yr un a oedd wastad wrth y gwresogydd.
'Chlywais i erioed dawelwch mor reddfol;
am unwaith
roeddwn i'n falch fod rhywun yn mentro sibrwd.
Er bod y golau trydan yn simsanu efo'r storm
ro'n i'n chwilio
am yr hollt yn y ffenest
a oedd yn gadael goleuni i mewn.

Gweinidog yn cynnig arweiniad,
llais y Prifathro yn feddal braf
yn siarad efo Duw fel ffrind agos,
a'r galaru torfol oedd yr unig beth
i liniaru ychydig ar y colli creulon hwn,
yn dawel
yn y ffordd y gŵyr plant
sut i fod yn y bôn,
fel y gwyddant sut i fod yn swnllyd.

A dal i chwythu a wnaeth y gwynt
y diwrnod hwnnw
wrth i mi anwesu'r coridorau â'm llygaid.

CYNGERDD NADOLIG
EGLWYS Y PLWYF, WRECSAM

Stryffaglu annifyr dynol
i'r seddau,
tiwnio'r offerynnau,
y pianydd yn edrych
yn llawer rhy bwysig
i'w les o'i hun.
Troi goleuadau'r goeden ymlaen
a llif-oleuadau
i geisio
rhoi tinc newydd
i hen stori.

Rhaglenni'n cael eu dosbarthu,
sgertiau'n cael eu sythu,
murluniau'n cochi.

Yna
wedi saith
a chychwyn cyngerdd,
yr angylion yn yr entrych
fel gwyrthiau'n cwhwfan,
a dymuniadau diniwed
ar fin
cael eu gwireddu.

DIC LLANBERIS

(Cyfarfûm ag ef gyntaf yn Seattle, America)

Stympiau o goed ar ochr y ffordd
a dorrwyd yn greulon,
atgofion fel pe baent yn dal i waedu.

Ond roedd yr awel mor bur yn Stryd Siarlot
pan ddaeth Jennifer a minnau ar ymweliad
am y tro olaf.
Teulu yn disgwyl yn naturiol
iddo gael ei gipio ar flaen yr awel ryw ddydd,
ryw awr.
Mae'r rhain yn gynefin â hedfan.

Ond ar waethaf cyfyngder y Llan a'r Cwm
a'r ehangder y rhyddhawyd hwy iddo
yn Seattle,
fe ddaeth Dic yn ôl adre i farw,
at y ffenest agored
a'r llenni ar eu hanner,
at y goriad yn y drws,
yn ôl at gyfyngder y Llan
lle'r oedd yn cyfri,
i dŷ y ferch dawelaf
a oedd yn tyff yn y cysgodion,
a Nerys yn hyderus am y cam nesaf,
ddim yn ofni marwolaeth.

Hwy oedd y gwragedd wrth y bedd gwag,
yn ddoeth
â thinc atgyfodiad yn eu llygaid tawel, cytûn,
yn ddisgwylgar gyforiog.

Er gofal arbennig yr Hospis yn Seattle,
er y nyrs a oedd yn canmol
fod Dic i fyny yn ei wely yn canu
'Rwy'n canu fel cana'r aderyn' ar ôl deuddydd,

tra oedd eraill yn swatio am bum niwrnod,
gyda'r daith yn dirwyn i ben
'doedd dim fel awel bêr Llanbêr
ym mis Mawrth.
Cymdeithas y gwreiddiau
na allai llafn y llechi ei gwahanu.
A'r awel hon a fyddai'n ei gyrchu
I burdeb di-boen y byd nesaf.
Gadawodd Jennifer gan wybod yng nghornel ei deigryn
mai hwn fyddai'r tro olaf.

Ac yn alaw ei chanu emynau,
yr holl ffordd yn ôl i'r Gororau
efallai ei bod hi'n dweud:
"Bydd raid i mi gadw 'nheimladau
wedi eu lapio'n dyner i ti, Yncl Dic,
nes y medraf eu rhyddhau.
Efallai ar fferi bnawn hyfryd i Bainbridge
eu rhyddhau ar awel Puget Sound,
gwasgar atgofion i'r gwynt,
a chanu pennill bach o 'Rwy'n canu fel cana'r aderyn'
a'r alaw fel gwasgar llwch
yn dyner ar y ddinas a ddaeth yn gartref iddo.

A chofio am yr awel arall
a brofodd y noson honno yn Llanberis,
yr awel bêr annwyl, greulon a'i cipiodd i ffwrdd.

DIFFODD Y GOLAU

Roedd 'na rywbeth
yn go arbennig
yn nhre'r Nadolig
pan ddiffoddodd y trydan.

I ganol ein prysurdeb,
ein paratoi, daeth amheuaeth i gnoi
i'n disgwyl caniataol.
Pa bryd y deuai'r golau yn ôl?

Dim gwerthu yn Marks,
dim coffi yn y caffi,
y siopau'n dywyll fud;
fel petai'r gwir Nadolig
yn ceisio cael cyfle
i rannu'i genadwri.

Ac roedd rhywbeth yn braf
yn yr arafu,
yr eistedd, y disgwyl,
a'r siarad efo'n gilydd.

Roedd Duw yn deall yn union
beth roedd o'n ei wneud
pan dorrodd o'r cyflenwad trydan
Noswyl Nadolig.

DOTIAU DALÍ

(Portread o'r brawd o'r un enw – Salvador – ym 1963, a fu farw pan oedd ychydig o fisoedd oed. Yn agos, môr o ddotiau yw'r paentiad, ond o dynnu'n ôl mae wyneb trawiadol yn ymddangos)

Cofio ei frawd, Salvador,
mewn diferion,
ailffurfio cof ychydig fisoedd,
dot wrth ddot poenus
fel gwaed yn ddiferion;
ond o dynnu'n ôl i weld y cyfanwaith
gwelwn debygrwydd.

Diferu o'r dotiau gysylltiadau
a pherthyn,
ond yn nrycin y môr dotiau
ceisiodd weld llun,
a chysylltu'r dotiau
yn gyfandir o alar
a adnabyddai frawd.

Mae hyd yn oed amheuwyr y swrreal
heddiw yn tystio i rym hwn,
ddot wrth ddot,
ergyd wrth ergyd,
ymhell ac agos.
Dotiau brithgof am rith sy'n parhau.
Yn y canol,
moleciwl ein bod,
cyfrinach ein geneteg brau
a all ddarfod gyda ni.

EDMOND

(Yn Eglwys Villard-Sur-Doron, Savoie)

Hen eglwys
yn cyrraedd y craidd Baróc,
yn tynnu'r papur wal
i gyrraedd y galon
oddi tano.
'Bydd yn union fel yr oedd yn y cyfnod,
ar ôl y gwario.'

Rhoddir parch i'r sgriffiadau enwau
ar y meinciau:
'mae'r bobl ifanc
yn dal i fynd
i fyny'r grisiau.'
A rhyw ddireidi yn y dweud.

Edmond, hen ŵr saith deg ac un oed
gyda llygaid glas,
mae'n ei gofio'i hun yn ifanc yno,
siawns nad ydi ei enw yno yn rhywle
ar yr aelwyd hon.

'Mae gwên ymwelwyr
yn ddigon o dâl i mi.'
Ac mae'n pwyntio at hen wireb
sy'n llwyddo bob tro:
'Mae gen i'r goriad i'r Eglwys
ond y Sant ar y wal sydd â'r allwedd i'r Nefoedd.'

Dangosodd i ni'r bedyddfaen cyn gadael
a sglein y dŵr
fel sglein ei lygaid ifanc.

EGLWYS GADEIRIOL LLANDAF

Côr Llandaf
yn ymarfer y manion,
cymalau sy'n hawlio mwy o egni,
ambell air sy'n amharu ar eu cynghanedd
bersain.

Dilyn cyngor pigog
yr arweinydd,
cyn cyflwyno'r darlun cyflawn.

Gorau dynol
yn dadwneud
plethiadau'r drain
a fu'n mynnu gwaed.

EGLWYS ROYAN

(Arfordir gorllewinol Ffrainc)

Fel llong yn y ddrycin,
o'r twyni cymysgwyd concrit,
ein cywilydd yw dy harddwch.
Pwy a ddywedodd na allai concrit
fod yn hardd?

Wedi dinistr rhyfel,
mewn tair blynedd fe godwyd
dy goncrid di mor gyfoes.
Pwy a ddywedodd na allai concrit siarad?

Sefi yn awr dros gymod
i bawb o bob gwlad,
gan ddangos bod mwy na dinistr.
Pwy a ddywedodd nad yw concrit yn gadarn?

EGLWYS TRILLO SANT

(Llandrillo yn Rhos)

Y groth leiaf
yn agored i'r môr,
ar fwy o glogwyn amrwd, serth,
yn fy nghof seithmlwydd.

Plygaf ben mor isel
yn y seintwar chwe chadair.

Ffynnon y negeseuon
fel adleisiau mewn cragen.
Gweddïau'r Ogof Wag
yn cywain yn ddisgwylgar, eofn,
a'r môr yn lleddfu'u min
gan sisial hen gyfrinach y cregyn.

Atgyfodiad,
Atgyfodiad.

FFENSYS

'Dw i'm isio i neb
gymryd offens at y ffens,
ond 'dan ni angen tsiaen
er mwyn i aelodau'n unig
gael parcio.
'Dan ni ddim isio pob
Twm Dic a Maisie
yn parcio yno,
yn gorffwys eu teiars blinedig
ar ein tar newydd-anedig
a glafoerio eu holew
ar hyd ein libart.'

Trafod Cristnogol ei naws
am faes parcio'r Capel.
Mynnu codi ffensys
ger addoldy Chwalwr pob ffens.

'Dwi'n gwybod y dylem ni fod yn Gytûn,
ond beth sy'n waeth gen i
na'r rapscaliwns ifanc 'ma'n hap-yrru
ydi pobol o Gapel y Graig
yn defnyddio'n lle parcio ni.
'Toes ganddyn nhw faes parcio eu hunain?'
cyn snybio mor gelfydd
unrhyw fforddolyn
sy'n digwydd parcio ennyd.

Ffensys sydd wedi gwacáu capeli.

FFORDD GLENYS

(Collwyd Glenys Roberts o'n plith yr un adeg ag yr agorwyd ffordd gylch fewnol newydd Wrecsam – Rhodfa San Silyn)

Fe'i clywais sawl tro
yn sôn am Lansilyn,
a'r fagwraeth yno iddi hi a'i chwiorydd.
Roedd Llansilyn yn fyw ar furiau
ei hystafelloedd golau.

Yn ystod ei gwaeledd
agorwyd Rhodfa San Silyn:
ffordd heibio i hen orffennol tre Wrecsam,
i ryddhau'r canol llonydd rhag clymau trafnidiaeth,
er mwyn i bethau lifo.

Fel y llifodd crefydd Glenys
heibio i'r allanolion dibwys
a'n gwahana,
at y craidd,
teithio ar ffordd unionsyth, eang.

Cyrchu'r nod heibio i wahaniaethau
at geginau cawl a glanhau fflatiau,
codi pobl ar eu traed,
heibio i'r holl raniadau.
'Doedd *cul de sac* ddim yn ei geiriadur.

Ond ffordd gyffredin a welai orwelion
heibio i ddefodau
a chonfensiynau caeth,
at yr un curiad
sy'n clymu dynolryw.
Heibio i fiwrocratiaeth
at y penaethiaid,
heibio i Bwyllgorau
at y gweithredu,
hel mêl pob traddodiad

yn dawel bach
ar esgyll Gweddi.
Byddai ei geiriau gofalus yn gwneud gwahaniaeth.

Bellach mae arwyddion hyfryd ymhobman
yn cyhoeddi 'Rhodfa San Silyn'
ar y lôn unionsyth
drwy hen ddyffryn y Gwenfro.
Mae'r rhuban wedi ei thorri
a Ffordd Glenys yn awr yn ein dwylo ni.

GALARNAD

(i'r Caban dysgu olaf)

Hwn yw'r caban trista' yn y byd,
yr olaf i fod yma
cyn newid byd.
Dim ots am dwll,
am fleind sy'n syrthio,
be 'di dipyn o law rhwng ffrindia'?

Wedi'r cyfan
dim ond dros dro yr ydan ni yma.

Dio'm ots am risiau simsan y diawl,
a myfyrwyr yn baglu yn y glaw.
Daw, fe ddaw dydd y symud
achos dim ond dros dro y byddwn ni yma.

Dim ots am dân sy'n 'cau tanio,
neu stordy efo un silff simsan fanno.
Dim ond blwyddyn maen nhw'n para
medd arbenigwyr:
mae hwn ar ei draed olaf
ers blynyddoedd!
Daw, fe ddaw dydd y symud
achos dim ond dros dro y byddwn ni yma.

GARNEDDWEN

Lluwchfeydd yr ochrau yn meddalu
hyd unffurfiaeth lwyd y ffordd
y mae'n rhaid bod mor saff arni.
Heddiw â'r cloeon i gyd dan glo,
diferu'n araf
a wnaeth y cof.

Garneddwen
dan eira'r bore,
a'r hen do
wedi ei orchuddio
gan y gawod wen
lle gynt
ar wibdaith bnawn Sul
yng nghefn y car
roedd yn do hudoliaeth.

'Ma' nhw'n deud,'
medde Dad,
'fod glaw un ochor
yn mynd i'r Wnion
a draw i Bermo,
a glaw yr ochor arall
i'r Ddyfrdwy ac i Wrecsam.'

A dyna'r chwedl anwylaf
a ddywedodd fy nhad
wrthyf erioed.

GLÖYN BYW

(Er cof annwyl am Bet, Llanbedrog)

Gorwedd dipyn bach yn y prynhawniau
oedd y cyngor clên,
yn yr ystafell wely olau
lle y dychwelai'r hen hiraeth
am gael neidio cloddiau.
Byrlymu siarad
fel Bet yn gweu stori ar y ffordd adre o'r ysgol
hyd lonydd Eifionydd,
a rhai plant yn difaru na chaent glywed
ergyd ei chwedl.

Perthnasau pell sy'n seiadu yn senedd y parlwr,
awel braf yn chwerthin yn y llenni gwynion.

Ehedodd glöyn tryloyw annisgwyl
drwy hollt rhwng yr awel a'r cyrten
ac oedodd i sawru lliw'r stafell,
'Gad iddo fo hedfan.'
Dawnsiodd hyd ddysg a pherlau bro,
trysorau cudd y ffordd ddiarffordd.
Bodlonodd ar naturioldeb:
'Does dim isio'i hel o o'ma'
a chwerthin braf
ar bnawn anarferol ei heulwen.

Yn ddisymwth diflannodd y glöyn
drwy'r hollt ryfedd honno
rhwng amdo'r cyrten a sioncrwydd yr awel.
Ehedodd â hyder y tu hwnt i'r llen
wedi goglais unrhyw lwch o'i adenydd.

'Dyna fo. Dim ond dod yma am rom bach.
Mae o'n rhydd rŵan.'

HA' BACH

Ha' bach disgleiriaf,
min hen hafau yn euro gorwelion.
Pam, felly, mae fy nghalon mor brudd?

Môr mewn perlewyg glas golau
yn tonni'n fyrlymus
fel tinc o wanwyn cynharaf.
Pam, felly, na fedraf fod yn sicr ohonot ti?

Ysgafnder, fel dawns Mai,
yn yr awel heddiw
sy'n gweddu i'r dim
i'r darlun sydd gen i ohonot ti yn fy mhen.
Pam, felly, yr wyt ti mor oriog?

A minnau â hiraeth
am hirddydd o haf gwirioneddol
pan chwythai'r awel mor rhydd yn fy ngwallt.

HILLSBOROUGH

Mae Hillsborough yn fyw ar fainc y ddinas.
Mae'r nerf yn cael ei gyffwrdd bob tro.

Collodd merch fy chwaer
ei mab yn Hillsborough,
a 'dydi hi erioed wedi bod 'run fath.

Creadur bach bywiog
llawn gwên oedd o,
a gododd fore'r gêm a gweiddi
at yr hen ddyn yn y Teras:
'Come on you reds,
Get out of your beds!'
Mae'r hen ŵr yn dweud cymaint,
mae'n colli ei wên.

Ddaru nhw ei roi o
yn ei ddenim
ac yn ei sgidie pêl-droed
yn yr arch.
Peth bach.
Ac fe ddaeth ei ffrindiau
bob dydd
i siarad o gylch yr arch agored
ac i ddal ei law o
hyd at y gladdedigaeth yn yr eglwys orlawn.

Roedden nhw fel petaen nhw'n
trio'u hargyhoeddi eu hunain
ei fod o wedi marw
ac na welent ei wên ifanc eto.

Ac roedden nhw wedi deud ar y ffôn
ei fod o yn yr ysbyty,
ar y rhif argyfwng.
Ac fe chwilion nhw mewn tri ysbyty

cyn dod i'r stafell fawr
lle'r oedd y lluniau
a'r cyrff cynnes
a fu farw am bedwar y pnawn.

A beth oedd yn waeth,
roedd un o'r criw oedd o gylch ei arch
wedi goroesi,
wedi bod wrth ochr ei ffrind
yn y gorlan.

Ac fe gyhoeddodd y *Sun*
ei fod o'n dwyn o bocedi ei ffrind,
ond trio ei arbed
yr oedd o.
Trio cael ymateb.
Stociodd y siop bapur ar ben draw'r teras
erioed y *Sun* wedyn.
'Chawson nhw ddim cyfiawnder.
Mae fy llygaid yn llenwi
wrth ddweud y stori.

Mae Hillsborough
yn dal yn fyw iawn i ni'r teuluoedd,
talu'r tâl trawma i'r heddlu
oedd yr anghyfiawnder pennaf.
Beth am ein trawma ni?

Mae Hillsborough yn dal yn fyw ar fainc y ddinas
a 'dydw i ddim yn bwriadu tawelu.

HOGMANAY
(Caeredin)

Neithiwr
penderfynwyd fod popeth yn newydd;
dywedasom "Sut mae?"
wrth lu cyfeillion newydd,
estyn ein gruddiau at ffenestri
i syllu ar sbloet tân gwyllt
fel plant bach ceg-agored
yn meimio i ergydion tân gwyllt,
a rhyfeddu'n reddfol agored.

Syllasom arnom ein hunain
ar sgriniau byw ein darlledu,
a rhyfeddu at allu dynoliaeth
i uno ym mharti stryd
mwyaf plant Ewrop.
Yfwyd siampên a dawnsio Auld Lang Syne
i wneud blwyddyn newydd go iawn.

Ond bore 'ma o'n ffenestri
wrth syllu ar stryd wag
gwelwn beiriant trwm yn sgubo neithiwr ymaith,
yn cael fawr o groeso ar ei genadwri blygeiniol
hyd Princess Street.
Goleuadau ar adeiladau neithiwr
wedi eu diffodd.

Yn y pigo darnau i fyny,
y llyncu gweddillion,
yn y sgubo a'r sugno sydyn
ar wydr chwilfriw'r bore,
yn staeniau piso'r bore wedyn
daeth lorïau trymion
i gludo coflaid neithiwr ymaith.

Diffoddwyd y sêr a'r cestyll hud
a'n bywydau bach ar sgriniau,
gadawyd eco caniau'n diasbedain gwagedd,
cyn ein dychwelyd
i'n setiau opera sebon arferol
sy'n ysgwyd a gwegian.

HOLLYWOOD YN RHOSTYLLEN

*(Rhoddwyd arwydd HOLLYWOOD dros dro
ar hen bonc lo yr Hafod, Rhostyllen)*

"Maen nhw wedi ei dynnu o i lawr,"
a finna'n chwilio,
wedi llusgo Dad yn y car i lygadrythu
am arwydd Hollywood yn Rhostyllen.

"'Dw i 'di clywed rhywun yn deud fod 'na arwydd
i fyny, fel yn L.A.,"
syllai fy nhad yn anghrediniol,
"Have you finally flipped?"
O dan y fath amgylchiadau gorffwyll
ebychodd yn nerfus:
"Yr unig le 'dwi'n gwybod amdano yn Rhostyllen
lle mae 'na fynydd ydi'r bonc lo wrth *Little Chef*."

Am gyfnod byr
harddwyd
ponc segur yr Hafod
â breuddwydion seliwloid
gweledigaeth aml-liw
llythrennau hud – Hollywood.
Gwasgarwyd disglair freuddwydion
hyd hen domennydd slag segur.
"They've taken it down, mate."
Fe gafodd rhai am ychydig
eu pymtheng munud o fri.

Cast ffŵl Ebrill oedd y cyfan
gan fois o'r Waun.
Cyhoeddwyd y byddai'n beryglus i yrwyr ceir
y ffordd osgoi,
a llusgwyd y llythrennau oddi yno.
Nid arhosodd breuddwydion ar y bryniau.

Ninnau ar y ffin yn ymbalfalu am ddyhead eto,
a breuddwyd yn deilchion yn siafftiau'n cyffredinedd clo.
Wedi ei anghofio fel gwib sydyn ar y ffordd osgoi.
Ond fe ddigwyddodd,
gan ein hysgwyd ninnau i ddal i geisio'r
Yellow Brick Road
sy'n llinyn aur y tu hwnt i'r ffordd osgoi.

I BEN DRAW'R PIER

Wnei di gerdded i ben draw'r pier efo mi?
Wnei di ddod i'r pen pella' heb ofn,
heibio i'r holl gandifflos
a da-da gor-felys,
sy'n glynu yn y craciau,
a'r bobl sy'n gwerthu
y tu hwnt i'r Neuaddau Difyrrwch?

Wnei di ddod i ben draw'r pier efo mi?
At y tonnau
ac at hedd y Gogarth Fawr,
achos yma
fe weli di fi
am yr hyn ydw i
y tu hwnt i ffal-di-ral y ffair.

Tyrd i ben draw'r pier efo mi,
at y tonnau a'r gwynt
ac ataf fi fy hun.

JENI A RICHARD

(ar achlysur eu priodas)

Yn y prysurdeb, yn rhuthr y wardiau,
fe ganfu'r ddau guriad eu dyddiau.

Jeni sydd fel Mair
yn cadw'r pethau hyn
yn agos at ei chalon.

Ymddiried tawel cyflawn,
a siffrwd ei chydymdeimlad
sy'n goleuo gwaeledd.

Yn ddwfn y tu mewn
mae Cariad
anhraethadwy i'w rannu.

Myn Richard encil bach o'r ras,
y llecyn lleiaf yn ein byw
i gofio wyneb,
cofio enw
a'i wên yn estyn ymhell o'r wardiau.

Dengys ofal a rhannu beichiau,
a'r llecyn hwnnw o warineb –
gwerddon mewn amserlen o fyd.

Yn y prysurdeb, yn rhuthr y wardiau,
fe ganfu'r ddau guriad eu dyddiau.
Y Sylwedd
sy'n curo, curo a choncro'r cyfan.

JESUS CHRIST SUPERSTAR

*(Cynhyrchiad Llundain gyda Steve Balsamo
yn chwarae Crist, ar drothwy'r Nadolig)*

Gadawyd ni â'r Groes,
â baich ein heuogrwydd.
Trwm oedd ein cymeradwyo.

"*'Dwi'm isio gweld Croeshoelio,*"
meddai'r plentyn
gan guddio'i wyneb
rhag realaeth elfennol y llwyfan.
"Falle daw o'n ôl,"
cysurodd ei frawd.
"Ia, ond **ni** laddodd o.
Fel'na y digwyddodd o,"
a chuddiodd ei wyneb eto,
yn rhy ifanc i ddeall ergydion ei eiriau.

Ar y ffordd allan
roedd cenhedlaeth newydd
yn hymian alaw'r Siwpyrstar,
ond fe'm gadawyd innau
â'r Groes yn y glaw,
hyd yn oed yng nghanol 'Clywch Lu'r Nef'
Sgwâr Trafalgar.

Y Groes gyhuddgar yn y glaw.

LLANW'N TROI

(Yn New Brighton, Penrhyn Cilgwri, Haf 2000)

Pleserus
fel ffair hanner gwag yn yr heulwen.
Unwaith neu ddwywaith eto
rownd y trac,
'wnaiff o ddim gwahaniaeth heno,
ddim llawer o ots,
cyn cilio'n ôl at y byd mawr
a'i benderfyniadau.

Reidiau hanner gwag heno
yn gysur
yn ein byd o boblogrwydd,
a'r haul yn ddisglair
ar eu lliwiau dengar,
ac afon Merswy rhwng dau feddwl
ar y troad.

Ddim isio gadael New Brighton heno,
dim ond aros yn y byd hawdd hwn
lle mae'r môr a'r traeth
a bywyd
fel reiden ffair.
Eisiau ymestyn elastig y munudau hyn
yn yr haul.

Dyn hel broc môr
yn ceisio didoli rhywbeth
o gynhaeaf y llanw diwethaf.

New Brighton,
atalnod,
wrth i'r llanw droi
ac i minnau wynebu'r gorwel.

LLYN IEUENCTID

(i Bea a Karine yn Aix Les Bains)

Y prynhawn hwnnw
rhyddhad dieiriau
rhag y byd a'i bethau
a thrugaredd led llyn.

Ac yna'r fordaith yn ôl
at yr hunan
ar y lan.

Y llyn a feddiannodd
Lamartine
yn fy ngorchfygu innau'n braf,
a'r llong
yn dynesu
at y mynachdy
fel ynys draw,
ar yr ochr lle ceir
dim ond un Plage cyfoes.

Tai chwaethus Aix Les Bains
yn dod â ni'n ôl
at realaeth,
wedi bod am ennyd
ar lwybr hen gewri hen deyrnasoedd.

Minnau'n rhegi
fod ein llyn ni o dan wydrau twristaidd y cwch.

Ond heno bydd amser i glywed canu bywiog
Bea a Karine o rap Ffrengig Manau,
rhythmau newydd mewn alaw Lydewig
wrth i'r car a'i ffenestri cwbl agored
lithro heibio i berlau'r Lac.

Rhubanant hen fywiogrwydd caneuon plentyndod
gan ddeall yn ifanc werth bywyd a'i hwyl.
Yn hwyr ar y ffordd i Aix
i weld y grŵp Celtaidd ger y llyn,
byddant eisiau cyrraedd Aix cyn y ddawns olaf,
felly gwibiant heibio i'r llyn,
ond yn ddieithriad
byddant yn cyfeirio at ei harddwch trawiadol.

Yna'n ôl o Aix ar y ffordd gefn,
yn adrodd Lamartine o gof ysgol,
yn canu alawon y Tri Yann;
a phan ddônt at y rhan honno
o'r ffordd
lle mae'r Croix de Richollet
i'w gweld mor eglur,
byddant yn chwarae unwaith eto
y rap Ffrengig gan Manau
i lenwi'r car â'u haf,
eu hieuenctid,
a'u mwynhad,
a'r llyn yn adlewyrchu yn eu llygaid.

MAINC MARWOLAETH

Mainc y disgwyl
i farwolaeth alw draw.
Hen ddynion gwrol
yn eu cotiau a'u sgarffiau
a'u hwynebau yn wythiennau coch,
yn gwthio'r gaeaf heibio
â'u storïau am eu meibion
yn gwneud mor dda,
storïau na feiddient eu hadrodd wrth eu meibion
wyneb yn wyneb.

Hon yw cenhedlaeth y peidio â dweud.

Gwroniaid yn wynebu marwolaeth
yn unionsyth,
a dail yr hydref yn disgyn.
Hen ddynion balch
yn teimlo'r awel fain.
Bu'n rhaid tyfu i fyny dros nos
a cholli eu ffrindiau
yn anialwch rhyfel.

Hen ddynion a gronnodd eu cariad i gyd
yn gynilion,
yn eistedd yma'n disgwyl
i gerbyd marwolaeth alw heibio
heb orfod pacio dim i fynd efo nhw.

MEDDYLIAU AM KOSOVO

(o Venezia, Pasg 1999)

Ar stepiau'r pontydd
mae marchnatwyr petrus
yn gwerthu tegan-filwr gwyrthiol
sy'n saethu ac yn crwydro'r llawr
heb linyn na dim i'w gyfeirio.

Ar draws y dŵr
mae milwyr
yn glanhau gwlad o hil,
mor lân â sgrîn
yn cael ei sgubo.
Nid chwarae soldiwrs sy' yno,
ac mae llinynnau yn y gêm honno
mewn gwledydd pell,
a gwaedd o gaeau barbareiddiwch y cynfyd
yn wylofain enw newydd –
Kosovo.

MWCLIS O SÊR

*(Ar daith fferi i weld goleuadau nos Brooklyn, Efrog Newydd,
daeth sioe dân gwyllt annisgwyl i oleu'r Cerflun Rhyddid
enwog ar nos Iau o haf)*

Mwclis yr awyr
ar fordaith y gwyll.
Noson arferol arall i ddinasyddion
y ddinas a enwyd ddwywaith,
ond noson i ni weld carped y sêr
yn dyrrau bythol ar Manhattan fechan.

Ein gwendidau a'n beiau
heno
i gyd yn fwclis o sêr.
Diamwntau ar ôl diamwntau.

Un glust ar sylwebaeth heiplyd y gyrrwr
a dybiai ei fod yn Frank Sinatra,
a'r llall ar y mwynder ar Hudson.
Fel set ffilm ffug-wyddonol,
dinas y goleuni.

I'r Lego gloyw o leoliad
daeth tân gwyllt annisgwyl uwch Cerflun Rhyddid
â sbarc tragwyddoldeb
i'n llwch meidrol dan y sêr.

Tawelwyd dynoliaeth a'i siniciaeth.

Troes y cwch yn llawn o blant bach
yn gegrwth a llafar dan y sêr.
Fe beidiodd y fferi ar ei thaith
a daeth y capten ei hun at yr ochr i agor
tegan newydd yr awyr annisgwyl.

Yr awyr yn ffatri o sêr
uwch y ffagl a agorodd ei chroeso i'r byd.

Drannoeth gwelais ddyheadau'n llwch –
sêr dan draed
ar sgleinio Fifth Avenue,
lle mae sathru ac arian
yn prynu'r sêr dros dro
sy'n diffodd.

OFFEREN I EMMA

(Cerdd i gofio disgybl ysgol)

Mae marw ifanc yn taflu cysgodion
hyd y destlusaf o goridorau ysgol.
Emma, ferch yr encilion, ferch y cysgodion.
Angyles dawel, annwyl, dwy ar bymtheg oed.

Un llun sydd gen i ohoni,
a hwnnw drwy wydrau â'i phen i lawr
heb fod eisiau penawdau na llun.
Ni allai dy freuder ymffurfio'n gri
y tro hwn.

Mae rhai yn rhy addfwyn i'r byd hwn.

Mae clywed am dy farw
fel petalau Ebrill yn syrthio'n fud
ar bafin caled lle daeth rhewynt sydyn o'r Mwynglawdd
i ymyrryd â gwanwyn.

Dy ewythr yn dy gofio yn yr eira yno.
Eira pur dechrau'r daith;
minnau'n dy gofio yn ferch fach
ymhlith rhai mawr.
Cofio amdanat yn smalio bod yn galetach
er mwyn y lleill, ambell waith.
Dewis Babs Windsor yn destun i Brosiect Cyfryngau.

Cofio dy olwg ansicr,
a'r osgo nad oeddet eisiau bod o drafferth i unrhyw un.
Cofio sylwi ar y tro cyntaf y rhoist golur ar dy wyneb.
Ninnau'n gobeithio dy fod allan o dy flinder nawr.

Meddwl amdanat, Emma,
drwy law dibaid y penwythnos
yn y llwyd,

a gresynu bod bywyd ar ben
yn llawer rhy gynnar, yn y deimensiwn hwn.

Y gân gyntaf yn yr angladd
fel dawns ar nos Sadwrn,
neu efallai noson dawel yn yr wythnos
yng nghlwb Bonkers.

Yr ail emyn gan Macy Gray
ac yna *Goodbye*
i ferch a fyddai'n dotio at y Spice Girls.
Hi oedd Baby Spice.
'Doedd y gân ddim yn anghynefin heddiw
wrth i ddagrau'r ifanc lifo i'r anthem gyffredin.

Methwn ateb holl gwestiynau
dy fyned, Emma.
Dim ond cyflwyno offeren ein meddyliau
i'th dawelwch heddiw,
gwybod i ni ei golli yn rhy fuan
a dymuno mwynder i ti mwyach.

Dy gofio,
fel llafn o haul
yn meddalu'r eira cyndyn sy'n glynu
yn y Gwynfryn, Bwlch Gwyn, a'r Mwynglawdd.

PASG YN RHUFAIN

(Nos yn Patricale Basilica Di Santa Maria Maggiore)

Hon yw'r fangre ddistaw
er bod rhu traffig
y tu allan;
yn ystod yr wythnos sanctaidd
unigolion
yn igam-ogamu
o flaen y Groes
ac uwchlaw Mair,
yn aros yma'n llonydd.

Hen ac ifanc
yn penlinio
mewn hen farmor
eto.
Llafarganu 'Ein Tad'
a'r gŵr ifanc â'r llygaid disglair
yn byseddu ei baderau,
ac addfwynder y tu hwnt i addfwynder
yn ei lefaru:
'Santa Maria'.

Cael eich derbyn
yn syth
i'r tawelwch y tu hwnt i ieithoedd.
"Gwna fi yn fwy parod
i dystio i Ti."

Dim isio gadael
y nenfwd sblennydd
yn ei Groglith dilewyrch
heno.

Y Groes
a Mair
a'r fforddolion
niferus, rhyfedd, brith
hyn.

PEN DRAW'R CORIDOR

(Cylch sgwennu Theatr Clwyd)

Dod unwaith bob wythnos
i ben draw'r coridor
at y criw sy'n ymagor
a datguddio eu dolur.

Un golau
ym mhen draw'r coridor
ymhellach na labyrinth stafelloedd,
y stafell mae pawb yn anghofio
bod golau yn bodoli yno.

Pen draw'r coridor
sy'n datgloi
hen stafelloedd clo
ynom ni.
Arhoswn y tu allan
yn eiddgar.

Down yma yn noeth
fel actorion mewn rihyrsal
lle mae chwerthin
o'n dibyn dagrau.
Ystafell
ym mhen draw'r coridor
y mae'n werth i bob un ohonom
yn unigol fentro iddi.

PENNANT MELANGELL

Llwybr saeth i ben draw'r Berwyn.
Heddwch yn pwyso'n annwyl,
a thrwch ein waledi'n ddim.

Dyffryn a'i eco o fref defaid,
byseddu heddychlon ar gardiau yn y llan
fel sgwarnog yn deintio.
Heibio i grafiad giât y fynwent,
heibio i'r amrwd ynom ni ein hunain
cawn ymagor
gan i ni gyrraedd pen draw'r Cwm.

Ust!
Deuthum fel ŵyn bach
at siffrwd mantell Melangell
gan wrthod rhuthr y llwybr poblog,
sy'n ein cymell drachefn at helfa leidiog.

Llechwn yma rhag udo cŵn Brochwel
gan ddisgwyl tangnefedd
cwrlid deallus y nos
i droi'n llygaid yn ffaglau.

PERSAWR
(i Brython)

"Roeddwn i yn aros
yn y stafell lle bu Mam yn sâl.
Ac roedd ei phersawr yn hofran yno o hyd;
ond yn raddol
fe aeth y persawr yn llai.
Gyda'r misoedd
yn araf
aeth y persawr yn llai.
Gan mai fi oedd deiliad newydd y stafell,
y persawr yn llai,
yn raddol yn llai.
Ac yna un diwrnod
fe beidiodd y persawr,
a 'doedd dim tystiolaeth mwyach
iddi fod."

Fe bery'r persawr:
ei sawr yn bêr
yn dy gofio mwyn di.

PYSGOTA'R PIER

Lleufer Llandudno
yn llwybr y lli,
pysgotwyr y llanw
yn mynnu helfa dawel
yng ngolau eu lampau bach.

Hen lygaid cynefin â düwch.

Cymdeithas yr ymlacio greddfol
yn canlyn cresiendo'r cread,
ac yn pysgota sadrwydd o hynny.
Cymaint yn plygu i rym y moroedd,
cymaint yn pysgota am ystyr,
yn chwilio am rywbeth i'w ddadberfeddu,
helfa i'w rhwydo â balchder.

Hogiau ifanc
yn swigio'u hystyr
ar nos Wener o Dachwedd
yng nghysgod stondin
'Gwir Mr Llandudno' a'i Organ,
yn edmygu'r hap-yrwyr
sy'n trywanu
hen hedd Heulfre,
Ogof Hafnant, Porth yr Helyg,
Pen y Ddinas, Hwylfa'r Ceirw,
Pwll y Gwichiaid.

Nid ydynt am guddio eu poteli
na symud ymlaen.
"Is there anyone fishing up there, mate?"
"Yes . . . Oh, yes."

Y disgwyl pwyllog
yng nghysgod y Gogarth
cyn i'r lleuad fachlud.

Rhywbeth yn bachu
fel goleuadau car
yn llwybreiddio drwy goed Heulfre,
yn canfod Happy Valley.
Ambell un yn rhwydo'r creigiau,
minnau'n pysgota'r sêr.

STAFELLOEDD

(I Eurwen er cof am ei Mam)

Roedd hi yn yr ystafell nesaf,
a thithau'n naturiol agored
yn trin ei gwaeledd.
"Mae hi wedi bod yn bleser.
Fyswn i'n gwneud y cwbl eto.
'Dydi hi ddim wedi cwyno o gwbl,
a 'dw i 'di cael dod i nabod Mam
fel yr oeddwn i wastad wedi bod isio
ei hadnabod."
Clustfeinio bob amser
am yr angen lleiaf.

Llithro a wnawn i stafell arall
wrth ymadael â'r byd hwn,
a'n hysbryd mor agos â chodiad llais
i ffwrdd,
y waliau fel papur.
"Mam, wyt ti'n iawn, bach?"

Tendiaist arni
gan ddod â'r dyddiau dedwydd
yn ôl iddi
yng nghaethiwed gwely.
Pob pryd
a phob breuddwyd,
pob ymwelydd
yn ei dro:
"Tyrd i weld Mam."

Mor reddfol fuost, Eurwen,
â throad y tymhorau;
hydref yn troi'n aeaf anorfod,
neu eni a marw ar y fferm,
a'th fagwraeth

yn lapio mwynder Maldwyn
am y wraig fedrus hon.
Yr arbennig sbesial hon:
'ni fydd ei lamp yn diffodd trwy'r nos'.

Drysau a fu'n gil-agored
bellach yn agored led y pen
rhwng mam a merch,
a'r clustfeinio yn yr hanner cysgu
am yr angen dyfnaf o'r stafell nesa'.

Rhennaist baneidiau'r hwyrnos
nes
y datguddiwyd jigso'r gyfrinach
yn llwyr,
a daeth yr aderyn hardd
o'i gawell daearol
yn
rhydd.

STEPIAU SBAENAIDD RHUFAIN

Y rhain yw'r stepiau ifanc
grisiau brwdfrydedd, hwyl a joio.
Y rhain yw stepiau ieuenctid y fro
lle cusanant y ddwyfoch yn agored,
eistedd heb osod terfynau
tra bo'r haul yn machlud.

Y rhain yw'r grisiau ifanc,
yn byrlymu siarad,
yn dynwared sŵn yr Ambulanza.
Boddaf yma yn stepiau'r ifanc,
yn edrych allan ennyd
ar eu golygfa ddyrys hwy.
Gwaeddant at wynebau'n y dorf.

Dyma stepiau'r ifanc
lle nad wyf yn teimlo'n unig,
lle nad yw 'niniweidrwydd innau
yn edrych allan ohoni.

Y rhain yw'r stepiau ifanc
lle daw pawb i wylio'r byd,
a thyfu mewn doethineb
wedi eu gwisgo'n drwsiadus,
gan gnoi ewinedd.
Cyfrinachau ifanc
ar ffonau symudol,
dyddiau bythol y giang.
Stepiau oer
ond ieuenctid cynnes.

Stepiau dyddiau'r clapio
a'r dawnsio yn y ffownten,
bwrlwm eu hanesion
fraich-ym-mraich.

STIWT

*(Pobl ifanc y Rhos yn helpu i ailsefydlu'r
Ganolfan Gelfyddydau hyfryd)*

Mae'n ifanc, mae'n newydd!
Y Stiwt
sy'n canfod ynddynt
ddyhead i barhau,
breuddwydion canrif newydd.
Gwythïen newydd i'w chloddio
sy'n cofio am yr hen eli
a fu'n clymu'r fro,
ond am drosglwyddo fflam y perthyn
i genhedlaeth newydd
sy'n deall yr idiom fodern
mewn cerdd a sain a theatr,
sy'n gwthio'r terfynau
fel y gwnaeth y Stiwt erioed
ym mywydau arweinwyr y fro.

Cloddio ystyr o'r gorffennol
i oleuo yfory ar gwr y ffin.

TANIA A TONI

Roedd y ciw yn y Gymdeithas Adeiladu
ar fore Sadwrn glawog
o Ionawr
at y drws,
ac yn diddanu
â'u carolau Cymraeg
i ddod â heulwen
i lwydni Ionawr
roedd y ddwy fach ddela' a welwyd erioed
mewn dillad Naff
a chlustlws a gawsant ill dwy
ar eu pen-blwydd yn bump.

Diflannodd y cwsg o'm llygaid.

Yng nghanol syrffed robotaidd y ciw,
canent am Fethlehem
a dyblu'r gân ddiddan drachefn
am fugeiliaid, doethion ac angylion.
Ambell wyneb hŷn
yn gwerthfawrogi'r 'Haleliwia'.
Rhai'n gwgu at ymddygiad o'r fath
mewn lle cyhoeddus!

Gŵr ifanc yn y Ciw o'm blaen,
clustlysog, lederog, agored.
"They're always singing this at home.
They like it in the Welsh school."
Daeth y carolau i ben
a bu'r ddwy yn gwasgaru
ffurflenni am ryw gyfrif newydd
â'r enw digri 'Tessa'.

"Put those back,
or I won't take you to the baths."
Dowch yma eich tri,
i mi gael eich cofleidio chi'n dynn.

Diolch am ddysgu ein hiaith.

Tania, Toni a'u tad.

TEWI

(Capel Sistina, Rhufain)

Teithiais mor bell i dy weld di.
Rhaid i bob fflach camera a fideo dewi yma.
Heibio i nenfydau a choridorau ysblennydd
at ganolbwynt y cyfan,
Duw yn cyffwrdd â dyn
a'r bysedd enwog yn dod ynghyd.

Dawn Michelangelo
yn darlunio'r cyfan ar ei gefn,
a'n golygon,
beth bynnag am ein cred,
yn syllu fry, fry.

Duw yn cyffwrdd â dyn
yn dyner,
yng nghanol y cyfan
â'i law agored, gadarn
yn estyn at ddyn
â'i law lipa, ansicr.

Dyma un o'r dyddiau mawr:
diwrnod gweld y nenfwd.

Ar waethaf rhybuddion,
mae rhai yn dal i geisio fflachio
ei geinder,
a'i her.

WASTAD WRTH DRWYN Y FUWCH

Wastad wrth Drwyn y Fuwch
lle cysgodir y ffordd
a'n hatgofion yn ofalus rhwng craig a mur.
Fel darn o hen Hiraeth
yn eistedd ar gadair werdd,
ac Amser yn eistedd wrth ei hochr
yn disgwyl yn dyner amdanoch.

Felly y daw'r cof amdanat.

Wastad ar Drwyn y Fuwch a'i ffensys-gwneud.
Yn hamddenol fel dafad wedi colli'i ffordd
heb brysuro rhag y drafnidiaeth undydd.
Wastad ar Drwyn y Fuwch,
ar dramcar fy hiraeth.

Fel breuddwyd bach mwyn yn galw draw
am ychydig lle bydd yr eithin yn clecian.
Wastad wrth Drwyn y Fuwch,
fel niwl yn disgyn yn sydyn
fel eira Ebrill sy'n mynnu glynu.

Atgof am fywyd teulu trefnus,
fel mynd dros y gamfa
i ddôl lle mae haf dipyn yn ieuengach,
fel loetran mewn dillad llac braf,
fel hen fws olaf annwyl
yn cyrraedd gartref.
Cilfach gynnes, sych
dan goeden mewn cawod.
Canfod yr allwedd gyfforddus
a'i llithro i'w lle
ar Drwyn y Fuwch.

Y CERDYN OLAF

Fe ddaeth hi â'r cerdyn olaf,
yr un efo'r galon fawr arni,
a'r addewid ei bod hi'n caru mam am byth.

Bu'n ei liwio'n galonnau amryliw mawr
tra curai calon ei mam
â chymorth y peiriant-cynnal-bywyd.

Melanie mor ddewr yn wynebu'r farwolaeth,
gan mai mater o oriau, dyddiau fyddai.
Cafodd ganiatâd i beidio â mynd i Gwyddoniaeth
er mwyn lliwio'r calonnau.

Lliwio'r cerdyn sbesial
i'w roi yn yr amlen
ar y daith olaf at wely'r fam,
na fyddai (efallai) yn sylwi
ar fodolaeth cerdyn mor hardd.

Ond i Melanie,
fe fydd Mam
yn deall y cwbl sydd i'w ddeall
ar ôl darllen ei cherdyn.

Y MWYNDER MAWR
(Dychwelyd i Fenis)

Y tro cyntaf –
tywydd braf, roedd hi'n haf,
a minnau yn nryswch Coleg
wedi gofyn i Ti
ymweld â mi.

Hafau'n fythol, dim gofalon,
cyn gwybod
poen gormodol
ymwelaist â mi
yng nghynhesrwydd mwyn machlud
Adriatig,
a gwneud Dy bell yn agos.

Y belen goch yn suddo,
ond yn ymweld â mi
a gadael
ar ei hôl syched am hen hafau.

Cyn deall
fod yn dy aberth Di boen,
yn dy waed Di
ddagrau.
Y Grym a'm tawelodd a'm codi
a'm cyfeirio
at y dyfroedd tawel
a'u cylchoedd dwfn,
yn lle sgimio arwynebedd y lagŵn.
Cyn i'r hogyn ifanc
orfod wynebu poen.

Ac roedd mwynder mawr
y machlud hwnnw
yn wawr,
a minnau'n cael

braint
y meddalwch mwyn, mawr
yn gynnes fel haul Adriatig.

Dof nawr yn ôl
i ddiolch am y Rhodd yma
gennyt Ti,
datguddiad ohonot dy Hun
yn fy mywyd tlawd i.

Ac o ddychwelyd i'r fro
rwy'n ailgysylltu â'm pwrpas
a'm Cred,
ac yn aildynghedu
i dy Garu Di
mewn byd lle cwrddais i bellach
â Jiwdas a Phedr ynof fi
ac mewn eraill.

Cofiaf mor fendigedig fu'r Rhodd hon
yn dod â'r cynhaeaf mwyn i mi,
ac yn dangos i mi beth i'w ddangos.
Fel adlewyrchiad teg ar wyneb y lagŵn.

Marmor pont Rialto
fel petai'n chwysu
ar ôl haul y dydd,
yn dilyn y Cyfarfyddiad sy'n meddalu marmor.

Y TU HWNT

Mae'r Neges yn y drôr bellaf
yng nghanol yr anhrefn,
y tu hwnt i'r holl gloriau sgleiniog,
yng nghanol ein brys nodiadau.
Rywle yno mewn amlen lychlyd
mae cyfrinach y Nadolig yn cuddio.

Pan yw'r bar côd yn methu,
a'r trefniant ciwio cywrain
yn mynd yn ffliwt,
pan ddiffoddir Slade –
mae seren yn y nen
sy'n ceisio cyfathrebu.

Y tu hwnt i'r cwsmer anodda'
neu ganu eneiniedig plant llofft yr organ,
erys rhyfeddod ein hongian yma.

Y tu hwnt i aroglau'n chwydu o'r bwytai gorlawn,
gam ymhellach na'r bisgedi arferol i'r staff,
'dydi'r record hon ddim ar gael yn gyffredinol
ar goll yn y ffal-di-ral.

Siopa
fel tâp yn dirwyn i ben,
yn cyrraedd pen y daith,
yn datgysylltu o'r sbŵl,
cyrraedd pen y tennyn.
Llusgo adref heibio i'r arwydd wrth y lletty
sy'n dweud *'No travellers'*,
a geiriau'r digartref
yn ein bwyta'n fyw
gan mai ei eiriau Ef ydynt.

Y tu hwnt i eco seindorf yr Iachawdwriaeth
ar y funud ola' noswyl Nadolig,

mewn rhyw gongl annisgwyl o'r dre
lle nad yw materoliaeth
wedi treiddio i'n gwythiennau.

Ar ddiwedd parêd Santa,
fe gyfyd eto'r Baban
a'i Gariad i'n calonnau.
Yma. Heno. Rŵan.

YN NHŶ RODIN

(Gwanwyn ym Mharis)

Dyna'r ffilm ohono
o Dachwedd 1917
yn naddu efo'i forthwyl a'i gŷn
arwyneb caled ei gelfyddyd
a'i droi'n delyneg.

Ac mae'n troi atom ni,
yn annerch y camera
cyn i'r ffilm bylu
i ddweud fod y grefft
yn galed heddiw,
ond i ddal ati.

Yn y Caffi
mae colomennod yn pigo
ar weddillion y byrddau
a'r llygaid uwch y byrddau
yn turio, fel yntau,
i geisio treiddio drwy'n marwoldeb.

Gwanwyn brau o betalau,
ambell un yn disgyn
cyn ei bryd.

YR ARDD Y TU ÔL I'R THEATRAU

(Gardd Phoenix, Stacey Street, Llundain)

O'r strydoedd
lle mae'r concrit mor galed,
a brodyr yng nghorneli drysau
efo hen frechdanau benthyg,
mae dy ganfod yno
yn hollol annisgwyl.
Parc y tu ôl i'r theatrau
lle mae plant bach yn chwarae'n rhydd.

Gardd yng nghaledwch dinas
lle yr ail-grëir Eden o neidio a sgipio,
creu cestyll tywod heb eu dymchwel.
Chwarae yn y cysgod ac yn llygad yr haul
yn oes y bwa a'r saeth.
Arfau'n trin tywod.

Gardd wedi ei threfnu
i ddod â'r enaid diogel yn ôl i'r West End.
Mae'r ffenics yn codi yma
a phobl eisiau eu harwain yn ôl
at ddyddiau symlach casglu blodau.
Maen nhw'n chwilio
am goch yr ŷd, plu'r gweunydd,
rhosod, a chennin o bob math
i'w cyflwyno i'r Ardd.

Plant yn chwarae'n uchel agored,
canu a phaffio smalio,
mwynhau meddiannu eu cornel hwy,
yn chwarae fferm yng nghanol y West End.
Byddant yn cofio dyddiau'r Ardd.

Pobl mewn oed wedi eu cymell
o gysgodion eu fflatiau clo
i geisio eu hoff seddau dan y coed,

heb eu cael bob tro,
fel yn ras y ddinas y maent wedi dieithrio ohoni.

Crysau T swyddogol
yn datgan fod eu gardd hwy yn llawn o flodau,
dipyn gwylltach na'r parciau enwog
a reibiwyd gan dorheulwyr haf.
Crys T yn cyhoeddi eu hawl i fod yno.

Grŵn y drafnidiaeth a gwich ddiddiwedd y tacsi
ychydig yn bellach yma, diolch byth.
Pobl yn araf feddalu'n sgwrs
yng nghroth ymddiried,
a phyllau eto i'w darganfod
yn eu trugaredd a'u cynhesrwydd
yn y cilfachau a'r corneli.

Yr ardd yng nghefn y theatrau,
a'r brawd mawr yn clymu carai'r brawd bach,
a phawb yn ceisio llwybrau.

Ti
yw fy ngardd hardd i,
y tu ôl i'r theatrau.